BEI GRIN MACHT SICH IHR
WISSEN BEZAHLT

- Wir veröffentlichen Ihre Hausarbeit,
  Bachelor- und Masterarbeit

- Ihr eigenes eBook und Buch -
  weltweit in allen wichtigen Shops

- Verdienen Sie an jedem Verkauf

Jetzt bei www.GRIN.com hochladen
und kostenlos publizieren

Corinna Waterkamp

GanztagsSchulKulturen – Analyse von Feldforschungsdokumenten

Analyse eines Interview-Transkriptes mit einer Lehrkraft zum Verständnis des Begriffs "GanztagsSchulKultur"

GRIN Verlag

Bibliografische Information der Deutschen Nationalbibliothek:

Die Deutsche Bibliothek verzeichnet diese Publikation in der Deutschen National-
bibliografie; detaillierte bibliografische Daten sind im Internet über http://dnb.d-
nb.de/ abrufbar.

Dieses Werk sowie alle darin enthaltenen einzelnen Beiträge und Abbildungen
sind urheberrechtlich geschützt. Jede Verwertung, die nicht ausdrücklich vom
Urheberrechtsschutz zugelassen ist, bedarf der vorherigen Zustimmung des Verla-
ges. Das gilt insbesondere für Vervielfältigungen, Bearbeitungen, Übersetzungen,
Mikroverfilmungen, Auswertungen durch Datenbanken und für die Einspeicherung
und Verarbeitung in elektronische Systeme. Alle Rechte, auch die des auszugsweisen
Nachdrucks, der fotomechanischen Wiedergabe (einschließlich Mikrokopie) sowie
der Auswertung durch Datenbanken oder ähnliche Einrichtungen, vorbehalten.

Impressum:

Copyright © 2011 GRIN Verlag GmbH
Druck und Bindung: Books on Demand GmbH, Norderstedt Germany
ISBN: 978-3-656-35488-8

Dieses Buch bei GRIN:

http://www.grin.com/de/e-book/206216/ganztagsschulkulturen-analyse-von-feld-
forschungsdokumenten

GRIN - Your knowledge has value

Der GRIN Verlag publiziert seit 1998 wissenschaftliche Arbeiten von Studenten, Hochschullehrern und anderen Akademikern als eBook und gedrucktes Buch. Die Verlagswebsite www.grin.com ist die ideale Plattform zur Veröffentlichung von Hausarbeiten, Abschlussarbeiten, wissenschaftlichen Aufsätzen, Dissertationen und Fachbüchern.

Besuchen Sie uns im Internet:

http://www.grin.com/

http://www.facebook.com/grincom

http://www.twitter.com/grin_com

Johann Wolfgang Goethe-Universität Frankfurt am Main
Fachbereich Erziehungswissenschaften

Wintersemester 2011/2012

Feldstudie zum Seminar
„GanztagsSchulKulturen – Analyse von Feldforschungsdokumenten"

Analyse eines Interview-Transkriptes mit einer Lehrkraft
zum Verständnis des Begriffs „GanztagsSchulKultur"

Corinna Waterkamp
7. Fachsemester
Studiengang: Bachelor-Erziehungswissenschaften
Modul: 8 II - c
Abgabetermin: 27.03.2012

Inhaltsverzeichnis

1. Problemstellung

Die folgende Ausarbeitung beschäftigt sich im Rahmen des Seminars "Ganztagsschulkulturen" mit den Begriffen, welche die Grundlage für das Seminar stellen, wie auch mit der im Seminar behandelten Literatur. Im Weiteren erfolgt die Auseinandersetzung mit dem in der Gruppenarbeitsphase bearbeiteten Interview einer Lehrkraft an einer Ganztagsschule.

Um eine sinnvolle Erfassung des gesamten Themas zu ermöglichen, werde ich in der vorliegenden Arbeit zunächst auf das von mir durch Rezeption der Literatur bedingte Verständnis des Begriffs "Schulkultur" eingehen. Wichtig im Bereich des Verständnisses von Schulkultur erscheint dabei zunächst die unterschiedliche Sichtweise aus Schüler- bzw. Lehrerperspektive. Zudem ist der Zusammenhang mit den sozialen Milieus, auf denen Bourdieu seine Begriffsdefinition des Habitus stützt und diesen für eine erfolgreiche oder weniger erfolgreiche Schulkarriere verantwortlich macht von Bedeutung. Darüber hinaus soll bereits in diesem Kapitel versucht werden, den Begriff der Ganztagsschule verständlich zu machen und damit eine Definition von "Ganztagsschulkultur" zu entwickeln. Anhand des in diesem Kapitel hergestellten Begriffsverständnisses soll im folgenden Gliederungspunkt auf den Zusammenhang zwischen "Theorie" und "Praxis" eingegangen und das im Seminar bearbeitete Interview mit einer Lehrkraft untersucht werden. Hierbei haben wir mit dem Erstellen einer Tabelle, in der wir alle für uns relevanten Aspekte aufgelistet haben, einen eigenen Weg der Analyse gewählt, der uns die Arbeit erleichtert hat. Diese Tabelle enthält wichtige Zitate aus den in Gliederungspunkt zwei vorgestellten Texten und die Bezüge zum Interview. Diese Aufstellung erleichterte dann die Auswahl der von uns für die Analyse gewählten Textpassage im Interview, die ebenfalls zu unseren drei gefunden Hauptaspekten der Gewalt (Schülergewalt), der Grenzziehung und dem kulturellen Kapital Bezüge aufweist.

Im Anschluss an die Analyse dieser Textstelle soll dann zunächst eine Definition von „GanztagsSchulkultur" aus der Sicht des Lehrers "Böhme" gegeben werden, ehe abschließend auf dieser Grundlage ein eigenes Verständnis von „Ganztagsschulkultur" unter Einbezug der Diskussionsergebnisse aus dem Seminar dargestellt werden soll.

2. Theoretische Grundlagen zum Thema „Schulkultur"

Im Rahmen des Seminars haben wir uns in den ersten fünf Wochen zunächst mit grundlegenden Texten zum „Schulkulturverständnis" beschäftigt. Hierbei wurden die Texte „Schulkultur aus Schüler/~innen-Sicht" von Hans Jürgen Apel (2007), „Entwürfe einer Theorie der Schulkultur" von Werner Helsper (Helsper, et al. 1998), „Kulturelles Kapital in der Schule" von Pierre Bourdieu (2001) und „Schul- und Freizeitkultur der Schüler" von Jürgen Zinnecker (2008) bearbeitet. Im Folgenden werde ich jedoch nur auf die Texte von Helsper, Bourdieu und Zinnecker eingehen, da sich diese auf die Perspektive von Lehrkräften zu Schulkultur übertragen lassen.

2.1 Schulkultur bei Zinnecker

Gemäß Jürgen Zinnecker gehört zur Bestimmung von Schulkultur die Analyse des Mesobereiches, weil die Schule viel Raum für Wechselbeziehungen bietet. Ein erster Anhaltspunkt dafür ist das Verhältnis zwischen Schulwissen und Freizeitwissen („Weltwissen"). Die SchülerInnen generieren aus den Wissensbeständen der Familie, der Medien und von anderen Jugendlichen ein eigenes „Weltwissen". Das entspricht dem Freizeitwissen, welches die SchülerInnen außerhalb der Schule erwerben. Es steht in einem direkten Verhältnis zum Schulwissen. Die SchülerInnen stellen ihr Schulwissen auf Grundlage des Schulcurriculums her, welches Lehrkräfte inhaltlich bestimmen. Somit kommt es zunehmend zu einer Vermischung von Scholarisierung und Entscholarisierung.

Die Freizeit wird scholarisiert, da die Wissenserwerbsstrukturen vom Unterricht auf die Freizeitaktivitäten angewandt werden und das Freizeitwissen wird zunehmend im Unterricht eingebracht, z.B.: im Sport- oder Musikunterricht. Die Nutzung von Freizeitwissen im Unterricht entscholarisiert die Schule. Daraus ergibt sich die Diskussion über die Grenzziehung: „Was dürfen Schüler mit in die Schule bringen und was müssen sie draußen lassen?". Das bezieht sich sowohl auf Gegenstände als auch auf Freizeitwissen. Die Aneignung von Wissen in der Freizeit wird von Jürgen Zinnecker unter der Überschrift „Erwerb kulturellen Kapitals am Nachmittag" vertieft. Jürgen Zinnecker setzt den Fokus auf den kulturellen Kapitalerwerb am Nachmittag. Dabei werden „Freizeitkarrieren" möglich, da SchülerInnen, die Zugang zu Nachmittagsaktivitäten haben, die Möglichkeit bekommen, den Erwerb kulturellen Kapitals zu verdoppeln, denn sie wenden ihre Wissenserwerbstrukturen aus dem Unterricht auf die Nachmittagsaktivitäten an und erwerben somit neues Wissen durch

Aktivitäten am Nachmittag. Deswegen bieten Schulen zunehmend Projekte nachmittags an, um allen Kindern die gleichen Zugangsmöglichkeiten zu bieten und den Wissenserwerb am Nachmittag zu ermöglichen. Trotz des großen Angebotes der schulischen Betreuung beobachtet Zinnecker eine Erhöhung der Gewaltrate und Fremdenfeindlichkeit an Schulen. Zudem bemängelt er, dass zu wenig Ursachenforschung in diesen Bereichen stattfindet.

2.2 Schulkultur bei Helsper

Werner Helsper et al. geht in dem Text „Entwürfe zu einer Theorie der Schulkultur und des Schulmythos – strukturtheoretische, mikropolitische und rekonstruktive Perspektiven" davon aus, dass mit dem allgemeinen Begriff „Kultur" stets eine soziale Komponente einhergeht, die eine Form der sozialen Distanzierung darstellt (vgl. Helsper et al., S. 30). Hierbei geht er insbesondere davon aus, dass der aus dem Begriff „Kultur" entwickelte „Schulkulturbegriff" einen zu weitgreifenden darstellt und der Begriff der Schulkultur nicht für alles verwendet werden sollte, wofür er heute verwendet wird. So kann nach Helsper (vgl. Helsper, S. 32 f) Schule nicht gleichzeitig Jugendkultur, Unternehmenskultur, Alltagskultur, religiöse oder politische Kultur sein beziehungsweise werden. Für ihn bezieht sich Schulkultur lediglich auf den Bereich, welchen die Schule selbst innehat und der auch nach außen vertretbar ist, nämlich die Vermittlung kultureller Wissensbestände, sowie den Aufbau von Kompetenzen im kognitiven, sozialkognitiven und symbolischen Bereich (vgl. Helsper, S.33).

Auf dieser Basis kritisiert er auch die wachsende Belastung der Lehrkräfte, welche sowohl durch die Durchmischung der Kulturbegriffe entsteht, wie auch durch die daraus resultierenden neuen Aufgaben im Bereich der „Schulkultur"-Entwicklung unter dem Deckmantel der „Schulprogramme" und der sich daraus weiter ergebenden Schulkonkurrenz (vgl. Helpser et al. S. 34 ff).

Helsper kritisiert jedoch nicht nur die von der Politik proklamierte Verwendung und Deutung des Begriffes Schulkultur und deren Folgen für die Schulen und die Lehrer, sondern vielmehr auch die Tatsache, dass viele „Schulprogramme" an den Schülern vorbei erarbeitet werden. „Schulkultur" funktioniert jedoch nicht ohne die Schüler (vgl. Helpser et al., S. 52).

2.3 Schulkultur bei Bourdieu

Bourdieu´s Text „Wie die Kultur zum Bauern kommt. Über Bildung, Schule und Politik" stellt in der Bildungsforschung beinahe einen Klassiker dar. Er fasst dabei die wichtigsten Inhalte zu den Bereichen Bildung, Schule und Politik aus seiner Sicht zusammen.

Bourdieu geht dabei davon aus, dass jede Familie, gewollt oder ungewollt, ein bestimmtes kulturelles Kapital vermittelt. Dementsprechend vermitteln sie Werte, sowie Einstellungen zum kulturellen Kapital und zur schulischen Institution (vgl. Bourdieu, S. 26). Bourdieu stellt fest, dass ein direkter Zusammenhang zwischen dem Bildungsniveau der Eltern und dem Schulerfolg des Kindes existiert. Die Funktionsweise der Schule sieht Bourdieu dabei kritisch. Neben der Rekrutierung und der Auslese von Schülern stellt Bourdieu fest, dass die Schulen die Ungleichheit legitimieren (vgl. Bourdieu, S. 26ff). Bourdieu konstatiert, dass LehrerInnen Beurteiler und Festleger der Schullaufbahn sind. Um ihr Urteil zu fällen, betrachten sie, teilweise auch unbewusst, die soziale Herkunft der SchülerInnen. Denn SchülerInnen sind aufgrund ihrer Herkunft und ihres kulturellen Kapitals ungleich. Wenn sie in die Schule kommen, wird gesagt, dass alle gleich behandelt werden (vgl. Bourdieu, S.41 ff). Somit manifestieren sich die Ungleichheiten. Deswegen fordert Bourdieu eine zweckfreie Bildung für alle.

2.4 Herleitung eines eigenen (Ganztags-)Schulkulturverständnisses aus den Quellen

Die verschiedenen Quellen gehen jeweils auf Grund ihres eigenen Schwerpunkts von unterschiedlichen Schulkulturverständnissen aus. Betrachtet man die verschiedenen Bewegungen getrennt von einander, so könnte man festhalten, dass jeder Autor und daraus resultierend jede Forschungsrichtung in der pädagogischen Praxis ein anderes jeweils losgelöstes Verständnis von Schulkultur hat. Meiner Ansicht nach ist dem nicht so. Es ist zwar nicht auf Anhieb zu erkennen, dennoch bestehen Gemeinsamkeiten, die zur Weiterentwicklung meines aus der Praxis stammenden „Schulkultur"-Begriffs führen.

Da sich sowohl Zinnecker wie auch Helsper in ihren Ausführungen auf den Bourdieu´schen Habitusbegriff beziehen, scheint deutlich, dass Bourdieu´s Annahmen zu Schule und einem daraus abgeleiteten Schulkulturbegriff zur Vertiefung des

Verständnisses notwendig sind.

Dies spiegelt sich auch in meinem Verständnis wieder. „Schulkultur" ist meiner Ansicht nach daher jegliche Form des Zusammenlebens und -arbeitens in der Schule. Der Begriff bezieht sowohl Schüler wie auch Lehrer aktiv mit ein, obgleich vieles mit Schulkultur zusammenhängende weder von Schüler- noch von Lehrerseite bewusst beeinflusst ist. Vielmehr hat jede Schule mit ihrem eigenen sozialen Millieu eine eigene für sie spezifische Schulkultur, welche die Schule in ihrer Außenwirkung positiv oder negativ darstellt. Wichtig hierbei ist meiner Ansicht nach jedoch, dass sich eine „gute Schulkultur" nicht einfach von einem Schulamt oder der Politik „zwangsverordnen" lässt, sondern das vielmehr sowohl Lehrer als auch Schüler dies von sich aus sehen und angehen wollen bzw. müssen.

Dies gilt auch für eine „GanztagsSchulkultur", die größtenteils zu einem Zwang avanciert. „GanztagsSchulkultur" stellt meiner Meinung nach ein Verständnis dar, wie eine ganztägige "Familienersatzversorgungseinheit" (vgl. Helsper, S. 32) installiert werden soll, die jedoch häufig ihr Ziel verfehlt. Nicht die Kinder aus schwachem sozialem Millieu erhalten hierbei einen Ausgleich und eine zusätzliche Förderung ihres kulturellen Habitus, sondern vielmehr Kinder aus sozial starken Familien, in denen beide Eltern arbeiten gehen, aber nicht auf die Vermittlung von kulturellen oder anderen Werten verzichten wollen. Ziel sollte jedoch wie bei Bourdieu eine umfassende Förderung aller Kinder, ohne Beachtung ihrer sozialen Herkunft, sein.

3. Erläuterung des analysierenden Vorgehens

In der Gruppenarbeit haben wir versucht Textbezüge zwischen den grundlegenden Texten und dem Interview herzustellen. Hierzu haben wir zunächst alle für uns relevanten Textstellen der einzelnen Texte in Tabellenform notiert und mit dem Interview „verglichen". Im Anschluss hieran haben wir versucht wichtige „Überbegriffe" aus allen Texten zu finden und diese anhand von wenigen Referenzstellen im Text zu belegen.

4. Untersuchung des Interviews

4.1 Beschreibung des bearbeiteten Interviews

Unsere Gruppe hat sich mit der Sichtweise eines Lehrers in Bezug auf „Ganztagsschulkultur" beschäftigt. Bei dem vorliegenden Material handelt es sich um ein Interview mit Herrn „Böhme", der als Lehrer an der „Rheinschule", einer Integrierten Gesamtschule, welche auch Ganztagsschule ist, tätig ist. Das Interview wurde in zwei Teilen an unterschiedlichen Tagen durchgeführt. Die erste Aufnahme fand am 15.04.2010 statt und dauerte etwa 33 Minuten, die zweite Aufnahme erfolgte am 22.04.2010 und dauerte etwa eineinviertel Stunden. Das Transkript des Interviews umfasst insgesamt 29 Seiten.

Anwesend waren Herr Böhme als Befragter, im transkribierten Interview mit B bezeichnet, und ein Interviewer, im Transkript als I1 bezeichnet.

4.2 Darstellung der im Interview gefunden Bezüge zu den bearbeiteten Texten

Wie in Gliederungspunkt 3 bereits erwähnt haben wir die Zusammenhänge zwischen den Texten und dem Interview in Tabellenform wie folgt dargestellt:

Autor	These	Seite/ Zeile	Interview	Seite/ Zeile	Querverweise
Bourdieu	Eltern vermitteln kulturelles Kapital und bestimmten Ethos. Kulturelles Erbe variiert nach sozialer Klasse	S.26	Soziale Herkunft. Beschreibung der Problemlagen in Familien	S. 8 Z 13ff- S. 9 Z16	
	"zweckfreie" Bildung ist implizite Erfolgsbedingung bestimmter schulischer Laufbahnen und unterschiedlich verteilt	S.30	AG-Angebote, die Schülern und ihren Neigungen entsprechen und zusagen	S. 4 Z 38ff	
	Lehrer als Beurteiler und Festleger der Schullaufbahn benutzt soziale Herkunft des Schülers um ihn zu beurteilen	S.32			
Zinnecker	Gewaltrate an Schulen nimmt zu	512, 513 2ff	Gewaltrate an Rheinschule nimmt wieder ab		
	Zu wenig Ursachenforschung im Bereich der Schülergewalt	513, 2ff	Flüchtlingskinder sind traumatisiert und haben geringe Hemmschwelle zur Gewalt	S.1 Z34- 37	Bourdieu
	Zunahme an schulischer Gewalt und Fremdenfeindlichkeit	512			Bourdieu
	Erwerb kulturellen Kapitals am Nachmittag	516		S.4 49- S.5 Z 1	
	Wie lernen Kinder?	516			
	Schulen bieten am Nachmittag "Freizeitangebote" wie Sport o.ä. an, die aber nur von bereits schulorientierten Schülern wahrgenommen werden	S.517 l. Ab.bis	Neigungsentsprechende Angebote fehlen, S. besuchen AG'S "Zwangsweise"	S. 4 Z38- 44	Helsper

	Seite			Seite	
	S. 508 / 509 3. Absatz	Externe Grenzziehung – Wer und was gehört zur Schule?	AG- Lehrer die Extern zur Schule kommen nicht akzeptiert	S. 5 Z 11ff	
	S. 508	Es geht beispielsweise, (...); um Gegenstände, die sich als Waffen nutzen lassen; (...); um Freunde aus der Nachbarschaft; um die bisherige Lebenserfahrung der Heranwachsenden	Hausbesuche bei "schwierigen" Schülern oder Schülern mit Problemen, diese können ihre Probleme nicht aus der Schule heraushalten und fallen daher auf	S. 8 Z 15ff	Bourdieu
			Rolle als Ersatz Papa	S. 10 Z 33ff	Bourdieu, Helsper
Helsper	S. 34	Kritik an Stundenerhöhung; Degradierung des Lehrerjobs	Bei Abschluss keine Stellen; heute keine Lehrer mehr zu bekommen	S.2 Z1 - S.3 Z18	
	S. 34	Lehrer nicht auf Arbeit mit Klientel vorbereitet	Nein es katastrophal. Also ich war nicht vorbereitet auf diese Schülerklientel	S. 1 Z 9 ff, S.5 Z 23/24	
	S. 34 2. Absatz	Psychische und physische Belastung im Lehrerberuf zu hoch	AG's werden nicht von Lehrern geleitet, weil es Mehrarbeit bedeutet	S. 5	
	S. 32	Steigerung der Anspruchshaltung gegenüber Schule			
	S. 32	Schule soll quasi als "Familienersatzversorgungseinheit" dienen	Rolle als Ersatzpapa	S.10 Z 33ff	Bourdieu, Zinnecker

518

Bei der Auswertung haben wir uns auf die Seiten 1-10 des Transkripts beschränkt, da wir, wie in der Tabelle zu erkennen ist, bereits sehr vielfältige Verknüpfungen zur Literatur gefunden haben und bereits an dieser Stelle eine Eingrenzung der Themenbereiche vornehmen mussten. Hierbei zeichneten sich für uns die folgenden drei interessanten Schwerpunkte ab: Als erstes der Bereich Gewalt (Schülergewalt), als zweites Grenzziehung und zum dritten das kulturelle Kapital.

Anhand der Tabelle lässt sich dabei leicht zeigen, dass sich Passagen im Interview den unterschiedlichen Grundlagentexten zuordnen lassen und dabei trotzdem zu den gleichen Schlüssen führen. Hierbei zeigen sich insbesondere Gemeinsamkeiten zwischen den Texten von Zinnecker und Bourdieu, die sich beide insbesondere mit dem kulturellen Kapital beschäftigen. Diese Eingrenzung auf das Thema „kulturelles Kapital" ergab sich auch aus der im Anschluss an unser Referat erfolgten Diskussion, in der mehrheitlich dieser Aspekt als ein Problembereich der Ganztagsschule angesehen wurde.

Als ein Beispiel für die Bedeutung des „kulturellen Kapitals" in diesem Zusammenhang ist die Textpassage ab Zeile 38 auf Seite 4 zu nennen:

"B: Wenn es alle Mittel gäbe, dann könnte man natürlich verschiedene, verschiedene Bereiche anbieten, die dann wirklich neigungsentsprechend sind, wo die Kinder auch nicht nur zwangsweise, weil in irgendeiner AG kein Platz ist, oder weil das eben die AG ist, die am wenigsten nervt, sondern tatsächlich da hin gehen, wo die Kinder ihren, ihre Fähigkeiten entwickeln, beziehungsweise ausbauen können. Ja. Und das ganze sollte dann vor 16 Uhr nicht enden. Ja, oder 15:30, aber dann ständig, 15:30 frühestens Ende, eher 16 Uhr."

In dieser Passage lässt sich bei genauer Betrachtung folgender Bezug zu Zinnecker und Bourdieu finden, nämlich bezogen auf die Neigungsentsprechenden Angebote:

Hierzu schreibt Zinnecker:

„Während die Frage der sozialen und kulturellen Ungleichheit zwischen den Schülern in der frühen Bildungsforschung vor allem auf das Verhältnis von Familien- und Schulsystem bezogen wurde, integrieren Bildungs- und Ungleichheitsforscher zunehmend die Frage nach dem Verhältnis von Freizeit- und Schulsystem in ihr Untersuchungsdesign." (Zinnecker, S. 517).

und zwei Sätze weiter:

„Es zeigt sich, dass der Zugang zu diesen Quellen der Unterrichtung stark durch die Schichtungs- und Bildungslage der Herkunftsfamilie vermittelt

9

ist." (Zinnecker, S.517).

Mit diesen Worten macht Zinnecker versteckt bereits zu Beginn eines längeren Absatzes auf die fehlenden neigungsenstprechenden Angebote aufmerksam. Gleichzeitig kritisiert er jedoch auch, dass die Chancen auf einen Zugang zu den Angeboten stark „schichtabhängig" sind, also insbesondere davon abhängen, wie die Eltern zu Schule und allgemein „kulturellen Gütern" eingestellt sind. Hierbei kritisiert er gewissermaßen im Boudieu´schen Sinn die ungleichen Zugangsmöglichkeiten zu „kulturellen Gütern" in Abhängigkeit von der sozialen Herkunft.

Unsere Hauptaspekte ziehen sich jedoch quer durch das ganze Transkript und es könnten ebenfalls beliebig viele andere Seiten in der Tabelle weiter eingefügt und analysiert werden. Da dies jedoch zu ausufernd wäre, haben wir die bereits angesprochene Einschränkung vorgenommen. Wie sich die Textbezüge im Interview differenziert darstellen, soll im nächsten Gliederungspunkt 4.3 anhand einer ausgewählten Textstelle dargestellt werden.

4.3 Erläuterung und Analyse der ausgewählten Textstelle

Als Grundlage für unsere weitere Analyse haben wir aus dem Interview die Textpassage von Seite 5, Zeile 21 bis Seite 5, Zeile 31 gewählt:

> „B: Das Lehrer die AGen geben? Natürlich. Weil die, wir merken es ja, die meisten jedenfalls, die Agen, die von externen Trainern gegeben werden, haben keine große Akzeptanz. Und die Menschen, die das machen, die kommen mit unserem Schülerklientel, genauso wie ich vor 17 Jahren, noch gar nicht zurecht. Viele gehen nach der zweiten oder dritten Übungsstunde, verlassen sie das Haus und kommen nie wieder. Wir haben öfter mal Agen wechseln müssen, weil die AG-Leiter gesagt haben, unter diesen Bedingungen nicht. Während wir Lehrer, kennen auch unser Klientel, wir können eher damit umgehen und wir sind auch eher akzeptiert als Respektspersonen, das heißt, wenn der Lehrer was sagt, ist das noch was ganz anderes, als wenn das der Trainer XY sagt. Der wird halt öfter mal links liegen gelassen, beziehungsweise ignoriert, was der sagt."

Anhand dieser Textstelle lassen sich folgende Bezüge zu den Grundlagentexten herstellen:

Zunächst nimmt in dieser Passage die Grenzziehung eine zentrale Rolle ein. Dies zeigt sich bereits in den Zeilen 21 ff., in denen die externen Trainer als ein Problem für die

Funktion und Auswirkung von „Ganztagsschule" gesehen werden. Der Lehrer „Böhme" geht dabei davon aus, dass diese Trainer, da sie nicht Teil des Schulsystems sind, von den Schülern weniger in ihrer Autorität wahr und ernst genommen werden, als Lehrer der Schule, welche die selbe AG anbieten würden. Diese Kritik führt er scheinbar automatisch auf die Probleme, die aus dem sozialen Millieu der Schüler stammen, zurück. Dies lässt sich aus seiner Aussage „die kommen mit unserem Schülerklientel, genauso wie ich vor 17 Jahren, noch gar nicht zurecht", folgern (Transkript, S.5 Zeile 23 f.). Mit dem Begriff „Schülerklientel" nimmt der Lehrer dabei im Bourdieu´schen Sinn bereits eine Bewertung der Schüler, basierend auf ihrer sozialen Herkunft, vor. Gestützt werden kann diese These damit, dass er schon zu Beginn des Interview´s auf die Herkunft der Schüler eingeht und diese als Grund für ihre „Gewaltneigung" benennt (vgl. Transkript, S. 1 Zeile 34 ff). Allerdings bleibt er in diesem Sinne ebenfalls nicht auf einer Ebene der Analyse, um die Gewaltneigung zu erklären, sondern nutzt eine einfache Zuschreibung ohne weiteres Hinterfragen. An dieser Stelle wäre jedoch, wie auch Zinnecker in seinem Text fordert, eine genaue Analyse der Gründe für die Gewalt notwendig, um dieser gegensteuern zu können.

Meiner Ansicht nach macht der Lehrer mit seiner obigen Aussage deutlich, dass er der Meinung ist, dass durch die externen Trainer am Nachmittag keine Vermittlung von kulturellem Kapital möglich ist. Dies stützt er auf die These, dass diese von den Schülern nicht akzeptiert sind und mit diesen überfordert sind. Auch hier wendet er eine negative Zuschreibung an. In diesem Fall jedoch nicht bei den Schülern, sondern bei den „Kollegen", die er durch seine Worte als schlechter bezeichnet, da ihnen die Qualifikation von Lehrkräften fehle. Diese Zuschreibung macht meiner Ansicht nach das Hauptproblem in diesem Bereich sichtbar: Die Trainer sind nicht ausgebildet, müssen jedoch mit denselben Problemen fertig werden, wie die Lehrkräfte auch. Ebenso zeigt sich versteckt erneut die Problematik, dass Schüler in Arbeitsgemeinschaften „geparkt" sind, die eigentlich gar keine Lust darauf haben und deshalb wenig Motivation mitbringen. Somit zeigt sich, dass die Bereiche der Grenzziehung und des kulturellen Kapitals zwar eine besondere Rolle für eine „Ganztagsschulkultur" spielen, jedoch äußeren Faktoren, welche in der uns vorliegenden Literatur nicht auffindbar sind bzw. behandelt werden, eine größere Bedeutung zukommt.

4.4 Eigenes GanztagsSchulkulturverständnis auf Basis des aus dem Interview folgenden Verständnisses

Anhand des Interviews haben wir zunächst ein Verständnis von „GanztagsSchulkultur" der Lehrkraft „Böhme" hergeleitet.

Aus seiner Sichtweise versteht man unter einer Ganztagsschulkultur ein fest strukturiertes und bis zu einer gewissen Uhrzeit (16h) festgelegtes Konzept, bei dem die Schüler ihren Neigungen entsprechend, verbindlich und in Kleingruppen gefördert werden und sich somit besser mit der Schule identifizieren und darauf verlassen können.

Der Lehrer hat dabei ein anderes Verständnis von „GanztagsSchulkultur" als das Schulprogramm seiner Schule vorsieht. Dies bringt er auch deutlich im Interview zum Ausdruck, indem er auf die Frage nach dem Konzept des Ganztags im Alltag antwortet: „Es gibt hier keine, hier ist keine, diese Rheinschule ist keine Ganztagsschule, die nennt sich Ganztagsschule, ist es aber nicht. Unser Stundenplan zeigt es, das ist keine Ganztagsschule. Das ist kein, kein vernünftiges Konzept, das, das meine ich mit der Baustelle [...]." (Transkript, S. 3).

Auch für das Ganztagskonzept der Schule hat der Lehrer keine guten Worte übrig, was für die meisten Schulen vermutlich zur Realität zählt.

In der Gruppe haben wir folgendes Verständnis von Ganztagsschulkultur aus dem von Herrn Böhme hergeleitet:

Ganztagsschulkultur ist nach diesem Verständnis eine regelmäßige, verbindlich, neigungsentsprechende Förderung aller Schüler, die zu einer positiven Persönlichkeitsentwicklung unabhängig vom Elternhaus der Kinder beitragen soll.

Diese Definition wurde auch im Rahmen des Seminars weiter gestützt und insbesondere die Bedeutung der Unabhängigkeit vom Elternhaus weiter verdeutlicht.

In diesem wurde aber auch die Problematik der unabhängigen Beurteilung durch die Lehrkräfte eingebracht, die selbst meist aus „bessergestellten" Familien stammen und somit selbst nicht über die Unabhängigkeit in ihrer Beurteilung von Schülerleistungen und deren „Förderbedarf" verfügen. Somit stellt auch hier wieder Bourdieus' Text eine zentrale Bezugsgröße dar.

5. Fazit

Ich habe das Seminar „GanztagsSchulkulturen" belegt, weil ich mein eigenes Verständnis auf diesem Gebiet zum Einen vertiefen und zum Anderen auch erweitern und überprüfen wollte. Dies konnte das Seminar, insbesondere jedoch auch die zu bearbeitende Literatur erreichen.

Im Rahmen der Literaturbearbeitung war mir zumindest Bourdieu bereits aus meinem abgeschlossenen Lehramtsstudium und dem Referendariat bekannt, wodurch ich bereits in der Praxis häufig Bezüge zu seinen Texten herstellen konnte. Die Texte von Zinnecker und Helsper waren mir bis dato unbekannt, haben aber stärker zu einem Überdenken meines Verständnisses von Schulkultur und Ganztagsschulkultur beigetragen. Insbesondere der Text von Helsper hat eine weitere kritische Sichtweise auf den Themenbereich eröffnet und die mir teilweise aus der Praxis bekannten Missstände erstmals auch theoretisch untermauert.

Die Bearbeitung des Interviews zeigte dabei ebenso eine kritische Auseinandersetzung eines Lehrers mit dem Projekt „Ganztagsschule". Aus meiner eigenen Erfahrung an zwei Schulen mit „Ganztagsangeboten" kann ich die Thesen des Lehrers dabei nur unterstützen. Die Realität und die Praxis von „Ganztagsschule" geht soweit auseinander, wie die Wahrnehmung von Schule aus der Sicht von Schülern, Lehrern, Eltern und Politik. Hierbei zeigt sich, dass die Außendarstellung einer Schule in Form ihres Schulprogramms und damit ihrer sich selbst verordneten Schulkultur, von der Realität stark abweicht und häufig weder von Schülern noch von Lehrern mit getragen wird. An dieser Stelle kann davon ausgegangen werden, dass dann keine positive Schulkultur vorliegen kann.

Meiner Ansicht nach sollten, will man eine sinnvolle und tragfähige GanztagsSchulkultur erreichen, sowohl Lehrer wie auch Schüler aktiv in Planungen mit einbezogen werden, soweit dies möglich ist. Hierbei sollte jedoch auf die immer weiter steigenden Belastungen der Lehrkräfte ebenso Rücksicht genommen werden, wie auf die Bedürfnisse der Eltern, die durch neue berufliche Anforderungen eine Vermittlung von kulturellem Kapital nicht mehr bzw. immer weniger selbst verwirklichen können. Ebenso müssen aber auch Schüler aus Familien mit niedrigen Bildungsniveaus gefördert werden. Dies geht aber nur, wenn Lehrkräfte über den eigenen „Tellerrand" hinaus schauen und auch bereit sind, ihre teilweise aus der eigenen Sozialisation herrührenden Denkbarrieren über Bord werfen.

Literaturverzeichnis

Bourdieu, Pierre (2001): Wie die Kultur zum Bauern kommt. Über Bildung, Schule und Politik, Hamburg 2001

Helsper, Werner; et al.: Entwürfe zu einer Theorie der Schulkultur und des Schulmythos – strukturtheoretische, mikropolitische und rekonstruktive Perspektiven. In: Keufer, Josef/ Heinz-Herrmann Krüger/ Sibylle Reinhardt/ Elke Weise/ Hartmut Wenzel (Hg.): Schulkultur als Gestaltungsaufgabe, Weinheim S.29-69.

Zinnecker, Jürgen (2008): Schul- und Freizeitkulturen der Schüler. In: Helsper, Werner/ Jeannette Böhme (Hg.): Handbuch der Schulforschung, Wiesbaden 2008, S. 501-518

Transkript: Interview mit Herrn Böhme, Lehrer an der Rheinschule (IGS und Ganztagsschule) am 15.04.10 Teil 1 und am 22.04.10 Teil 2